CHANSONS

LES

TRÉSORS DE LA NATURE

A l'Exposition Universelle

PAR

LES MEMBRES DU CAVEAU

MOTS DONNÉS

PARIS

LE CAVEAU, éditeur

—

1889

LES

TRÉSORS · DE · LA · NATURE

A L'EXPOSITION UNIVERSELLE

AVERTISSEMENT

———◦———

Les Chansons que contient ce recueil ont été faites sur des MOTS donnés tirés au sort et chantées au banquet du Vendredi 7 Juin 1889, chez **M. CH. SCHMID,** restaurateur, café Corazza (Palais-Royal.)

———⋈———

CHANSONS

LES

TRÉSORS DE LA NATURE

A l'Exposition Universelle

PAR

LES MEMBRES DU CAVEAU

PARIS

LE CAVEAU, éditeur

—

1889

LES TRÉSORS DE LA NATURE

CHANSONS

ALLOCUTION DU PRÉSIDENT

—

Banquet du 7 Juin 1889

—

Avant de lever le rideau
Sur chanson, romance ou rondeau,
Je vais jouer mon ouverture
Sur les « trésors de la nature. »

Quand lâchant un peu l'idéal,
Le Caveau pour ce festival
Traita de sa bonne écriture
Certains trésors de la nature,

Craignant de les multiplier,
Il lui fallut bien oublier,
Valant un couplet de facture,
D'autres trésors de la nature.

Certes, les grains, les minerais,
Les diamants et les engrais,
La peau, le sel, la confiture
Sont des trésors de la nature,

Mais il en est encore aussi
Qui sont précieux, Dieu merci !
L'amour, l'amitié, la droiture
Sont des trésors de la nature.

Il en est de moins définis
Qui par le monde sont bénis.
Je vais en citer d'aventure
De ces trésors de la nature :

Un caissier probe et vénéré
Qui d'un chef, sur papier timbré,
N'imite pas la signature,
C'est un trésor de la nature.

Un tailleur qui fait un habit
Bien fait, sans retouche, à crédit,
Et n'en donne jamais facture,
C'est un trésor de la nature.

Un cocher blanc de pied-en cap
Qui, gratis, de la porte Rapp
Vous ramène dans sa voiture,
C'est un trésor de la nature.

Un monsieur fleuri, gras, ouvert,
Fraîchement décoré de vert,
Ne causant pas d'agriculture,
C'est un trésor de la nature.

Ignorant l'anse du panier,
Une bonne, en temps printanier,
Dont n'élargit pas la ceinture,
C'est un trésor de la nature.

Une femme dont le mari
Est pour elle, seul, le chéri
Chargé de la progéniture,
C'est un trésor de la nature.

Chez une jeune fille au bal,
L'ivoire d'un sein virginal
Que laisse voir la garniture,
C'est un trésor de la nature.

Chez Paméla, les yeux ardents,
Le teint, les cheveux et les dents,
Et le pied, une miniature,
Sont des trésors de la nature

Chez l'amazone en éperons,
Les bossages fermes et ronds
Dont elle écrase sa monture,
Sont des trésors de la nature.

Si pour fêter le grand Concours, (1)
Le Caveau, ce soir, donne cours
A sa folle littérature
Sur les trésors de la nature,

Il restera des lendemains :
On peut puiser à pleines mains
Sans craindre de mésaventure,
Dans les trésors de la nature.

Arrêtant sans plus de façon
Cette longue nomenclature,
Je bois à la vieille chanson,
Ce vrai trésor de la nature !

EMILE BOURDELIN,
Membre titulaire, Président.

(1) L'Exposition universelle de 1889

L'ARGENT

—

L'argent
Est un utile agent
Pour l'homme intelligent
Dont il fait le bien-être !
Flatteur,
Il peut être menteur,
Et de bon serviteur
Devenir mauvais maître!

Métal
Bienfaisant ou fatal,
C'est l'organe vital
De la phalange humaine ;
Enfant, vers ton destin,
Dès ton premier matin,
C'est le bruit argentin
Qui te guide et te mène !

A Paris, l'hôte magnifique,
S'en munir est le plus urgent,
Car c'est dans ce creuset magique
Qu'on voit fondre le plus d'argent !

Qui s'y plante,
Sur la pente
En vain tente
D'arrêter.
Richissime
Ou victime,
Nul n'y trime
Sans compter.

Venus
Des pays inconnus,
Peuples vêtus ou nus
Que Paris va séduire,

Chez nous,
Il faut avoir sur vous
Des pièces de cent sous
Et vous laisser conduire,

L'argent,
Estomac exigeant,
T'offre un luxe engageant
D'exquise nourriture.
L'Amour est trafiqueur,
Bah ! qu'importe le cœur !
L'argent seul est vainqueur
De gente créature.

Chez la dame portant aigrette,
Cupidon prend plus cher encor :
L'argent se donne à la soubrette,
Mais la maîtresse veut de l'or.

Le carrosse
Et sa rosse
Peu véloce,
L'omnibus,
Hirondelle,
Haridelle,
Rien n'attelle
Sans quibus !

Lourdauds,
Un habit sur le dos,
Vous pourrez aux badauds
Prouver votre richesse ;
Mais prêt
A vous fournir l'apprêt,
Votre argent ne saurait
Vous donner la noblesse !

L'argent,
Pour un nègre obligeant,
A notre œil indulgent,
Lui donne une tournure ;
Bien mis du haut en bas,
Il fait son embarras,
Mais l'argent ne peut pas
Lui blanchir la figure !

De l'argent si trop l'on s'entiche,
Il ne cause plus que des maux
Qui, pour le simple et pour le riche,
Se résument en peu de mots :

Trop rapace,
On amasse,
On entasse,
Et puis... crac !

L'œuvre folle
Dégringole,
Tout s'envole...
C'est le krack !

Argent,
L'on te voit dérogeant
Et tu vas négligeant
Ton rôle de pécune.
Tu sers
A mille objets divers
Pour lesquels l'Univers
Fait des trous à la lune !

Fondu,
Brut, laminé, tordu,
Frappé, percé, fendu,
Fils, brins, plaques énormes,
Repoussé, modelé,
Plat, rond ou cannelé,
Poli, mat, ciselé,
Tu prends toutes les formes :

Tu seras le bijou solide,
L'anneau de l'hymen indigent,
Ou timbale ou nez d'invalide,
Tu seras... le couvert d'argent !

1.

En Sophocle
Sur son socle,
En binocle,
En étuis,
Avec pompe,
Sifflet, trompe,
Clysopompe,
Tu reluis !

Accours
France, ton grand Concours,
Avec ton seul secours,
Enfanta des merveilles !
Vaincus,
Les peuples convaincus,
Mieux qu'avec des écus,
Récompensent tes veilles !

Richards,
Accourez dans vos chars,
A pieds, de toutes parts,
Venez, bourses minimes !
C'est Paris vous offrant
Un spectacle enivrant
Où le billet d'un franc
Vaut cinquante centimes !

Si ce peu d'argent vous procure
Tous les biens qu'on offre à vos yeux,
De tous tes trésors, ô nature !
L'argent est le plus précieux !

Mais j'enraie...
Qu'on me paie
Sans monnaie
Et sans bis !
Que je tonne
Ou fredonne,
Je chansonne
Mais... gratis ! !...

L'argent
Est un utile agent
Pour l'homme intelligent
Dont il fait le bien-être !
Flatteur,
Il peut être menteur
Et de bon serviteur,
Devenir mauvais maître !

ÉMILE BOURDELIN,

Membre titulaire, Président.

L'ARGILE

—

AIR : *Un Homme pour faire un tableau*

La nature, en trésors nombreux,
A tous les yeux se manifeste;
Et le Caveau paraît heureux
De les chanter... Nul ne proteste;
Chacun cherche pour sa chanson
L'agencement le plus facile;
Ici, moi, je vais sans façon
Essayer de chanter l'argile.

Pour traiter un pareil sujet,
Il faudrait un puits de science ;
Mais on peut, sans être complet,
Y mettre un peu de conscience ;
Sur ce mot Larousse en dit trop,
Neuf colonnes !... ça m'horripile...
En quelques couplets, au galop,
On doit pouvoir chanter l'argile.

D'abord à l'Exposition,
L'argile occupe large place;
Malgré sa transformation,
On retrouve aisément sa trace :
Groupes, bustes, chefs-d'œuvre d'art,
De marbre ou de plâtre fragile,
D'honneurs quelle que soit leur part,
Furent moulés avec l'argile.

Et tous ces vases merveilleux
Venus des quatre coins du monde,
Dont l'éclat éblouit nos yeux
Que chacun admire à la ronde,
De quoi les créa leur auteur ?...
Quelque divers que soit leur style,
Et quelle que soit leur valeur,
Tous sont les produits de l'argile.

En agriculture surtout,
On ne peut se passer d'argile;
D'un bout du monde à l'autre bout,
Sans elle la terre est stérile;
Imperméable, elle entretient
De l'humus la fraîcheur utile,
Et la fertilité ne vient
Que d'un sol à base d'argile.

On dit de l'homme au figuré,
Que son écorce n'est qu'argile;
Par là, le poète inspiré
Exprime que l'homme est débile;
Mais la Tour Eiffel désormais
Consacre son esprit fertile;
Et d'elle on ne dira jamais :
« C'est un colosse aux pieds d'argile. »

J'en dirais davantage encor,
Mais par prudence je m'arrête;
Ai-je bien traité mon trésor ?...
Hélas ! vous secouez la tête...
J'avais compté sur un succès,
Que mon espoir était futile !...
Enfin j'ai fait mes sept couplets,
Me voilà sorti de l'argile !...

HIPPOLYTE FORTIN,

Membre correspondant.

LE BOIS

—

AIR : *Ne raillez pas la garde citoyenne*

Je suis le *Bois*, ma famille est féconde,
J'ai des enfants plantés un peu partout ;
Ils sont venus des quatre coins du monde
Dans ces palais où l'on exhibe tout.

On les peut voir dans ces mille arcatures,
Ces modillons, ces mâts, ces écussons,
Ces beaux panneaux, ces fines découpures
De la dentelle imitant les festons.

Sous ces arceaux brillent des meubles rares
Fouillés à vif dans le cœur du *Noyer*,
Supports, bahuts, étagères bizarres
Pris dans l'*Ormeau*, le *Hêtre* ou le *Poirier*.

Là, sous la voûte où trône la musique,
Prêtez l'oreille aux sons doux et charmants
Du *Sycomore* et du *Cyprès* antique,
Du blanc *Tilleul* devenus instruments.

Dans le rayon où la carrosserie
Montre ses cabs, ses tramways, ses landaus,

Ses sleeping-cars dont la coquetterie
Rendrait jaloux le luxe des bateaux,

Vous trouverez sous leurs capitonnages
De cuir, de drap, de velours, de satin.
De tous mes fils, les plus beaux assemblages,
Mélèze, Erable, Olivier et *Pitchpin.*

Là, ces coffrets destinés à l'amante,
Ces éventails qui masquent son souris,
C'est l'*Angica,* le *Cèdre,* l'*Amarante,*
Trois fils encor, qui vous les ont fournis.

Allez plus loin, de merveille en merveille,
Dût leur succès brillant vous étonner,
Ce téléphone invitant votre oreille,
C'est l'*Acajou* qui s'est laissé tourner.

Tout vêtus d'or, ces cylindres d'*Ebène*
Sont les bâtons de vos grands maréchaux,
Et ces tronçons découpés dans le *Frêne*
Feront un jour des jambes aux héros;

L'*Acacia* leur fera des béquilles.
Sur le *Gaïac* rouleront leurs fauteuils.

Aux plus vaillants le *Buis* fera des quilles...
Et le *Sapin*, aux autres,... des cercueils !

Je suis le Bois, ma famille est immense,
De mes enfants, le nombre est infini,
Et s'il m'en faut détailler chaque essence,
En vérité nous n'avons pas fini !

Voyez, buveurs, amis de la futaille
Du *Chataîgnier* la gamme de cerceaux
Qu'un brin d'*Osier* serre sous son entaille
Pour maintenir les douves des tonneaux.

Et vous, joueurs, dans le cœur du *Cytise*,
Cherchez vos pions de dame ou de tric-trac,
Faites tourner vos échecs dans l'*Alise*,
Le *Courbaril, l'If* et le *Calambac.*

Aux amoureux, l'*Aulne* tend son échelle.
Le *Néflier*, la *Canne* à.... Canada,
Le *Nicodoul* donne un manche à l'ombrelle
Et le *Bouleau* des verges pour tata.

Au vrai fumeur, le bois de *Violette*
Et la *Bruyère* unie au *Merisier*

Présenteront une pipe parfaite
Et le *Marronnier d'Inde* un râtelier.

Malin pêcheur, choisis ta canne à pêche
Dans les *Roseaux, Epines* ou *Bambous.*
Toi, mastroquet, dérobes au *Campêche*
Tous les secrets du vin à douze sous.

Pour l'ouvrier dont l'outillage est l'arme,
Scie, établi, presse, affûts et rabots,
Il peut choisir *Chêne. Cormier* ou *Charme*
S'il en éprouve à faire des copeaux.

Le *Pin,* jadis allumette frivole,
Donnait ses feux au premier frottement;
Le *Pin sec* est au cancre de l'école
Toujours offert comme seul aliment.

N'oublions pas, ce serait injustice,
De dire un mot des bois médicinaux,
Quelqu'un qui n'a pas sucé mon *Réglisse*
Doit savourer ses effets pectoraux.

Brillants d'éclat sont mes bois de teinture,
Plein de *senteurs,* mon *Santal* au boudoir...

Et mes *déchets !* mes *éclats !* ma *sciure !*...
Mais je crains bien d'abuser du *crachoir.*

De tous ces fils pleins de nerf et de force,
Un seul, hélas ! met mon âme aux abois...
C'est mon vieux *Saule !* — il n'a plus que l'écorce —
Et serait mieux à.... l'hôpital *Dubois.*

En terminant, permettez que je glisse
Sur quatre bois, de vous tous trop connus,
Le *bois de lit* et les *bois de justice,*
Le *bois des cerfs* et des *maris.... cornus.*

Sur quoi, je rentre en ma forêt d'*épines*
Où Cupidon fait flèche de tous bois,
Où les lapins en posent aux lapines,
Où l'on va deux et d'où l'on revient trois.

Je suis le Bois, ma famille est immense,
De plus en plus on nous cultivera,
Le fer voudrait nous faire concurrence :
Jamais le fer ne nous dégotera !

CH. QUESNEL,

Membre associé.

LE CAFÉ

—

AIR *de Philoclète*

Lorsqu'il reçut son petit « mot donné »
Et qu'il connut le sujet de sa thèse,
Si l'un de nous, messieurs, a souri d'aise,
Ce n'est pas moi, poète infortuné.
J'avais rêvé quelque belle série,
Tout à l'honneur des Etats-Généraux ;
J'avais rêvé de gloire et de héros
Et je m'éveille en pleine épicerie !

Quoi ! de tels noms : Barnave, Mirabeau,
La liberté conquérant un royaume,
Et le fameux Serment du Jeu de Paume,
Et la Bastille... Est-ce pas assez beau ?
Faudra-t-il donc, les yeux sur la Patrie,
Ses fers brisés et ses libérateurs,
Me faudra-t-il, planant sur ces hauteurs,
Plonger au fond d'une humble épicerie ?...

J'en suis marri ; mais pourtant gardez-vous
D'exagérer et surtout de conclure
Que le café, trésor de la nature,
Excite en moi les plus légers dégoûts ;

Tout au contraire, et, s'il est galerie,
Au Champ de Mars d'un intérêt certain,
Pour moi, c'est bien celle où Félix Potin
Vient d'installer sa grande épicerie...

Tout le moka de ce vaste univers
S'est-il donné rendez-vous dans ce Temple ?
On le dirait quand la foule contemple
A la vitrine un tableau si divers.
Avec quel ordre et quelle symétrie,
Avec quel art est rangé ce café !
Il faudrait être ou Laujon ou Gouffé
Pour célébrer pareille épicerie...

Les temps sont loin où, dans leurs vieux châteaux,
Seuls, à prix d'or, les nobles pouvaient boire
Cette liqueur exquise autant que noire
Qui nous venait des bons Orientaux ;
Loin ces temps où cette liqueur chérie,
Par maint docteur, sans rime ni raison,
Etait proscrite à l'égal du poison
Et n'avait cours en nulle épicerie...

Mais aujourd'hui la docte Faculté,
En révoquant son ancien anathème,
A proclamé cette plante qu'elle aime
Bienfait des dieux pour notre humanité.

Son jus divin coule à la closerie,
Bon, généreux, comme au palais des grands,
Et si la joie arrive aux derniers rangs,
C'est bien un peu grâce à l'épicerie...

Rien, quant à moi, ne couronne un repas,
Repas de corps ou dîner de famille,
Comme une tasse où jaillit, fume et brille
Ce vrai nectar au fumet plein d'appas.
Ma muse alors, perdue en rêverie,
Ne sais comment mêle la terre au ciel,
Quatre-vingt-neuf avec la Tour Eiffel
Et La Fayette avec l'épicerie!...

Rêves charmants, chers à tous les Français,
Réalités plus touchantes encore,
O France, et toi, doux café que j'adore,
La tasse en main, je bois à vos succès !
Heureux, ce soir, si, sans plaisanterie,
Pour obéir aux ordres du Caveau,
J'ai mis, en somme, à peu près de niveau
Le mont Parnasse et notre épicerie!...

HENRI DE VIRE,

Membre correspondant.

LE CHOCOLAT

—

AIR *de la Valse des Comédiens*

Quand je chantais et l'amour et la bière,
Modestement, sans viser à l'éclat,
J'en fais l'aveu, je ne me doutais guère
Qu'un jour je chanterais le chocolat.

Sans rechercher le lieu de sa naissance,
Etant d'office élu son avocat,
Je fais ici preuve de déférence
En célébrant ce produit délicat.

Le cacao, le sucre, la fécule
Sont le trio de sa combinaison ;
Pour la santé sa modeste formule
Est de tout temps et de toute saison.

Si l'un, parfois, le déclare indigeste,
Sans écouter cette perfide voix,
L'autre le dit un aliment céleste :
C'est le nectar, l'ambroisie à la fois !

Si donc il n'est point exempt de critique,
En philosophe il doit se résigner.
La Faculté le prétend stomachique,
Et la critique il doit la dédaigner.

Dans ma jeunesse, au passage *Saucède*,
Je savourais ce breuvage bien doux,
Et le garçon, généreux *Ganymède*,
En emplissait ma jatte pour cinq sous.

On voit souvent cette annonce... modeste
Dire au lecteur, après le feuilleton :
Des chocolats — et nul ne le conteste —
Le meilleur est... le chocolat *Perron*.

Pendant longtemps on vit la capitale
Préconiser le chocolat *Marquis*,
On proclama sa saveur sans égal,
Il est toujours un chocolat exquis.

Mais au blason succède la roture,
Menier devient un rival tout puissant,
Son chocolat est seul de sa nature
Qui se plaise à *blanchir en vieillissant*,

Puis de *Potin*, le produit populaire,
Vient resplendir et son nom, c'est certain,
Enrichira notre dictionnaire,
Cancan s'est vu détrôné par *Potin*.

L'habile main, à son gré le transforme
En écuyer monté sur son cheval,
De nos pioupious il revêt l'uniforme,
On le voit même en BRAVE GÉNÉRAL !! !

De l'antithèse adoptant le système,
Il est pour la mondaine ou le prélat
A déjeuner, *chocolat à la crème*,
Et pour dîner, la *crème au chocolat*.

De mon sujet en faisant l'odyssée,
C'était fatal et, sans monter au ciel,
Les exposants à la foule empressée
En chocolat montrent la tour *Eiffel*.

Faut-il citer les noms que l'industrie
A célébrés, commençons par *Devinck* ;
Ils sont nombreux dans cette confrérie,
Et Paris seul en compte cent vingt-cinq.

Puis, au hasard, sans faire de réclame :
Ibled, Lombard, chocolatiers fameux,
Masson, Droulers, Délespaul qu'on acclame
Dans l'univers et.., dans mille autres lieux !

Très soucieux de leurs titres de gloire,
Nous les voyons inscrire à l'unisson
Ce vieux cliché qui semble dérisoire :
Se méfier de la contrefaçon!

Ah! puis-je voir dans leur laboratoire,
Reconnaissants de mon apostolat,
Tous ces messieurs, pour célébrer ma gloire,
M'offrir une médaille en chocolat!

J'ajoute encor, dussiez-vous en sourire,
Que vous donnant cette description,
Je me dirais : ton chocolat *Debuire*
Aura sa place à l'Exposition.

Si ma chanson n'est pas une merveille,
Vous conviendrez quel que soit son éclat,
Que ne pouvant vous la faire à l'oseille,
Messieurs, je vous l'ai faite au chocolat!

L. DEBUIRE DU BUC,

Membre correspondant.

LE CIDRE

—

Air : *C'est la faute de Voltaire*

Vous savez, quand le malheur
S'abat sur une famille,
Tout est désastre et douleur,
Fiel, absinthe et camomille.
Un jour on perd son rifflard,
On vous fait votre foulard ;
    On tombe sur une hydre ;
On tombe... sur le mot : cidre !

J'aurais préféré le lait,
Quoiqu'il soit un peu panade;
Et le bouillon de poulet,
Et même la limonade;
Oui, j'aurais préféré l'eau,
Le tilleul... et le coco,
    A cet horrible « Cidre, »
Qui me fait l'effet d'une hydre !

Corneille a chanté le Cid;
Il n'a pas chanté le Cidre;
On a fait la fill' du Cid;
Faites donc la fill' du Cidre!...

Cette soi-disant boisson,
N'est qu'une purgation,
   Car le seul mot de « Cidre »
Fait sur moi l'effet d'une hydre.

Comment pourrais-je exalter
Ce breuvage que j'abhorre ?
S'il m'avait fallu fêter
Le pale-ale, passe encore.
Mais le cidre ?... à son seul nom,
J'en ai plein mon pantalon !...
   Oui, le seul mot de « Cidre »
Fait sur moi l'effet d'une hydre !

Qu'un Normand de ce nectar
Vienne m'offrir une pinte,
Moi, je lui réponds, sans fard,
Car j'ai l'horreur de la feinte.
« Vous pouvez m'en octroyer...
Mais avec beaucoup d' papier !...
   Car le seul nom de Cidre
Fait sur moi l'effet d'une hydre !

ANDRIEN DECOURCELLE,

Membre honoraire.

LA CORNE

—

AIR: *Dis-moi donc, mon p'tit Hippolyte.*

Au premier abord, je l'avoue,
Mal aisément je discernais
Le rôle que la corne joue
Dans le prestigieux palais
Qui nous inspire nos couplets.
Mais ce doute eut bientôt des bornes
Quand j'eus creusé la question ;
Je puis donc vous montrer les cornes
Qu'on trouve à l'Exposition.

Les cornes, dans mainte industrie,
Sont d'importants matériaux :
Nous voyons qu'on les appropric
A garnir des porte-manteaux,

2.

Des becs de canne et des couteaux.
Le cerf, le daim rendent très riche
Cette estimable section ;
On rencontre aussi de la biche
Dans la grande Exposition !

Mais il en est d'une autre espèce
Qui charment aussi le regard ;
On les contemple avec ivresse
Quand on visite sur le tard
L'immense et splendide bazar.
M'égarant hier à la brune
Sous sa céleste région,
J'ai vu les cornes de la lune
Planer sur l'Exposition !

Je ne voudrais froisser personne,
Mais je dois constater un cas :
Dans cette foule qui bourdonne,
Mesdames, ne sentez-vous pas
Odeur de corne à chaque pas ?
Si le réel, par aventure,
Se greffait sur la fiction,
Que de gens portant la ramure
Orneraient l'Exposition !

Je ne puis passer sous silence
Ces chapeaux aux soyeux reflets
Dont les agents de la finance,
Les gendarmes et les préfets
Recouvrent leurs nobles sommets.
Ces castors pleins de crânerie
Provoquent l'admiration...
Honneur à la chapellerie,
Vrai clou de l'Exposition !

Au Champ de Mars il faut le dire,
Tout enchante et séduit les yeux.
Dans chaque vitrine on admire
Les produits les plus précieux
De cent peuples industrieux.
Quels chefs-d'œuvre et quelle opulence !
Qu'elle immense profusion !
C'est une corne d'abondance
Que verse l'Exposition !

Mais de votre candeur j'abuse...
Oui, depuis un trop long moment,
La corne qui me sert de muse
Vous corne sans ménagement
Des couplets privés d'agrément.

Et dire plus, ce serait morne ;
Je clos donc ma digression
Et j'envoie au diable la corne
Qu'on trouve à l'Exposition !

Lucien MOYNOT,

Membre honoraire.

LE CUIVRE

—

AIR : *Tonton, tontaine, tonton*

Maître clairon au quatorzième,
J'arrive à pied de Charenton,
Tonton, tonton, tontaine, tonton,
Où depuis le dernier Carême,
Mon régiment est de planton,
   Tonton, tontaine, tonton.

Voir l'Exposition nouvelle,
Mirobolante, disait-on,
Tonton, tonton, tontaine, tonton,
Depuis trois mois dans ma cervelle,
Ça grouillait comme un hanneton,
   Tonton, tontaine, tonton.

J'ai donc vu la grande industrie,
Le grand luxe, et, comme un glouton,

Tonton, tonton, tontaine, tonton,
Tout un long jour de flânerie,
Je m'en suis mis jusqu'au menton,
   Tonton. tontaine, tonton.

Ce qui surtout me plaît, m'enivre,
C'est... d'abord un gai piqueton,
Tonton. tonton, tontaine, tonton,
Puis les instruments faits en cuivre :
Cor, trombonne, bugle ou piston,
   Tonton, tontaine, tonton.

Et le cuivre là-bas foisonne,
On en voit à tous les frontons,
Tonton, tonton, tontaine, tonton,
Sur les machines qu'il blasonne,
Sur des ressorts de phaéton,
   Tonton, tontaine, tonton.

En cuivre on voit de la vaisselle,
Brillante comme un mousqueton.
Tonton, tonton, tontaine, tonton,
De nos ouvriers l'art excelle
Dans les bijoux faits en laiton,
   Tonton, tontaine, tonton.

L'Asie à nos parages livre,
Sans réclamer un ducaton,

Tonton, tonton, tontaine, tonton,
Des Indiens au teint de cuivre,
En diadêmes de carton,
    Tonton, tontaine, tonton.

Si le krack a blessé naguère
Gros boursier ou maigre avorton,
Tonton, tonton, tontaine, tonton.
Ici le cuivre à mine altière
N'a pas craqué d'un demi-ton,
    Tonton, tontaine, tonton.

La France a tenu sa promesse,
Malgré l'air narquois du Teuton,
Tonton, tonton, tontaine, tonton,
Des succès passés, sa Kermesse,
Est un bien digne rejeton,
    Tonton, tontaine, tonton,

Il est tard, on bat la retraite,
Il faut regagner le canton,
Tonton, tonton, tontaine, tonton,
Mais franchement, point ne regrette,
D'être venu de Charenton,
    Tonton, tontaine, tonton!

LÉON GUÉRIN,
Membre associé.

LE DIAMANT

—

Air *du Parnasse des Dames*

Si c'est par goût que je m'escrime
A fabriquer de bons couverts, (1)
C'est par devoir seul que je rime,
Pour mon mot donné, quelques vers.
Ce soir donc à votre requête,
J'enfourche Pégase gaîment,
Tant pis si je pique une tête,
En vous chantant le diamant.

Le carbone pur seul compose
Ce caillou très fort réputé :
Et chacun connaît, je suppose,
Son incroyable dureté.
Il n'est si solide matière
Qu'il ne raye facilement ;
Seul enfin sa propre poussière
Peut mordre sur le diamant.

(1) L'auteur est orfèvre

C'est dans les mines de Golconde
Que l'on récolte tous les ans,
Pour les colporter par le monde,
Les plus précieux, les plus blancs.
Mais cette merveilleuse pierre,
Il faut la payer chèrement
Et pourtant la moindre rentière
Porte aujourd'hui le diamant.

C'est que le marchand sait d'avance
Que du Cap on lui fournira
Ce caillou cher à l'élégance,
Qu'en Hollande on lui taillera.
Il n'a pas les feux que projette
Celui de l'Inde, assurément,
Mais à moitié prix on l'achète,
Et c'est toujours du diamant.

Quoique le brillant et la rose
Par essence soient frère et sœur,
Dans leur forme il est quelque chose
Qui les signale au connaisseur.
Mais si la taille entre eux diffère,
La coquette indifféremment
Peut porter l'une ou l'autre pierre,
Car c'est toujours du diamant.

3

Pour constater ce que j'avance,
Au Champ de Mars rendez-vous tous
Dans la galerie où la France
Expose ses plus beaux bijoux.
Là, des joyaux chacun admire
Le merveilleux entassement,
Car c'est vraiment, on peut le dire,
Le triomphe du diamant !

PUIFORCAT,

Membre libre.

L'EAU

Air à faire

Ainsi qu'un long ruban que le soleil argente,
La rivière où s'abreuve un troupeau de brebis
Promène, dans des prés constellés de rubis,
    Son eau limpide et nonchalante.
Mais vienne un ouragan, et ces paisibles flots,
Grossis par cent torrents déversés par l'orage,
Vont se creuser un lit jusqu'au sein des hameaux,
    Renversant tout sur leur passage.
    Tour à tour bienfait ou fléau,
    Le roi des éléments, c'est l'eau !

Perdu dans le désert où souffle la tempête,
Le voyageur qui voit son effort impuissant
Contre les tourbillons du sable incandescent,
    Pour attendre la mort, s'arrête.
Mais Dieu veille sur lui. Le vent cesse. Et ses yeux
Voient briller au lointain, grâce au ciel qui s'éclaire,
Les bords tout verdoyants d'un ruisseau sinueux
    Où bientôt il se désaltère.
    Tour à tour bienfait ou fléau,
    Le roi des éléments, c'est l'eau !

Lorsque déjà la foudre a sillonné la nue,
Pauvres gens! pour la pêche ils vont quitter le port.
Ils savent que peut-être ils courent à la mort;
   Bah! la peur leur est inconnue!
Qu'importe que parfois la mer garde l'un d'eux,
Pourvu qu'en leurs filets sans cesse elle ramène
L'argent qui fait la femme et les enfants heureux,
   Et la huche au pain toujours pleine.
   Tour à tour bienfait ou fléau,
   Le roi des éléments, c'est l'eau!

Arrachant au brasier l'acier rougi qui fume,
A l'aide de leviers armés de dents de fer,
Des hommes qu'on croirait échappés de l'enfer
   Le traînent sur l'énorme enclume.
Là, pétri sous les coups d'un puissant martinet
Que met en mouvement la chute d'eau voisine,
Le métal épuré des sels qu'il contenait,
   Tout en se façonnant s'affine.
   Tour à tour bienfait ou fléau,
   Le roi des éléments, c'est l'eau !

Mais de chanter encor pourquoi prendre la peine?
Alors que, pour juger du liquide élément
Les effets merveilleux, il suffit simplement
   D'aller sur les bords de la Seine.

Egayant tour à tour, jardin, kiosque ou castel,
Vous verrez l'eau porter sa fraîcheur salutaire
Du sommet de la tour, construite par Eiffel,
    Jusqu'à l'École militaire.
    Tour à tour bienfait ou fléau,
    Le roi des éléments, c'est l'eau!

Et maintenant, entrez sous cette voûte immense.
C'est là surtout qu'à l'œil surpris du visiteur,
L'eau, d'un monde d'outils se faisant le moteur,
    Affirme sa toute puissance.
Sous son impulsion mille monstres d'airain
S'ébranlent en poussant un long cri de détresse,
Mais que l'effort s'arrête un seul instant, soudain
    Tout mouvement s'enraye et cesse.
    Tour à tour bienfait ou fléau,
    Le roi des éléments, c'est l'eau!

J. FUCHS,

Membre titulaire.

L'ÉLECTRICITÉ

—

Air *du Grenier*.

—

Dans l'ancien temps on m'appelait la Foudre ;
Ministre ailé du céleste courroux,
Avec fracas je réduisais en poudre
D'humbles mortels prosternés sous mes coups.
Mais la science, impie et téméraire,
Souffla l'audace à l'homme révolté ;
Lui qui tremblait au seul nom du tonnerre
Commande en maître à l'Electricité !

A son génie encor je suis rebelle ;
Il entrevoit, sans s'expliquer comment,
Que mon fluide en lui-même recèle
Force, chaleur, lumière et mouvement.
Mystérieux agent de la nature,
Mon rôle échappe à sa sagacité,
Et je réserve à la race future
Le dernier mot de l'Electricité !

En attendant on peut voir la série
Des progrès dus à mon impulsion,
Dans ce palais immense où l'Industrie
Ouvre l'arène à toute nation.
Louis-le-Grand! que dirait ta grande ombre,
Si, désertant ton Versaille enchanté,
Tu contemplais ici, sous la nuit sombre,
Les jeux charmants de l'Electricité?

Vis-tu jadis mille étoiles brillantes
Dans tes gazons luire instantanément?
Sur tes bassins vingt gerbes jaillissantes
S'illuminer des feux du diamant?
Regarde. Eh bien, ce sont des bagatelles!
Par maints effets mon pouvoir attesté,
Dans ce concours d'inventions nouvelles,
Donne la palme à l'Electricité !

Ma paix est faite avec l'espèce humaine:
Je guéris ceux qu'hier j'exterminais,
Et dans les corps épuisés je ramène
Une vigueur qu'on crut morte à jamais.
Discrètement l'étincelle magique
Donne un regain de vie et de santé
Au membre inerte, et le paralytique
Saute en l'honneur de l'Electricité!

Longtemps le gaz éclaira les théâtres ;
Il les chauffait..., les « flambait » même, hélas !
Auprès des miens ses rayons sont jaunâtres ;
Sur son odeur nous n'insisterons pas.
C'est vainement qu'à lutter il s'entête,
Partout bientôt je l'aurai supplanté.
Va dans un four griller la côtelette,
Laisse la place à l'Electricité ;
Place au soleil de l'Electricité !

De la vapeur on vante la puissance :
J'y souscris ; mais, je sais en faire autant.
Sur terre, en mer, j'emporte avec aisance
De lourds fardeaux ; voyez mon pont roulant !
Puis, le steamer quelquefois saute ou brûle ;
Le train prend feu, par des charbons heurté ;
Sans bruit, sans flamme et sans danger circule
Le wagon mû par l'Electricité !

Que mes rivaux me suivent dans l'espace !
En un clin d'œil je parcours l'univers
Sur un fil mince, et sans laisser de trace,
Plus que l'oiseau dont l'aile fend les airs,
D'un pôle à l'autre escortant la pensée,
Je la répands sur le monde habité,
Et de la Seine à la Lena glacée,
On cause grâce à l'Electricité !

Sur mes bienfaits faut-il encor m'étendre ?
Mon télégraphe est le plus grand de tous ;
Servez-vous-en, peuples, pour vous entendre,
Et l'âge d'or renaîtra parmi vous.
Des nations quand la voix fraternelle
Aux rois sabreurs dictant sa volonté
Proclamera la paix universelle,
Vous la devrez à l'Electricité !...

G. LEBÈGUE,

Membre libre

3.

LE FER

—

Air: *Gai! gai! marions-nous!*

—

Pan! pan! je suis le fer;
Qu'on me fonde
Et que le monde
Pour moi de Lucifer
Allume les feux d'enfer!

Inestimable trésor!
La nature
Sans culture,
Me donna, me donne encor;
Je suis plus riche que l'or!

C'est à l'Exposition
      Que l'artiste
      Fantaisiste
M'a, pour la construction,
Mis à contribution!

On me voit dessus, dessous,
      En toitures,
      En pentures,
En piliers, en garde-fous,
En boulons, rivets et clous.

En fer sont les chapiteaux,
      Les arcades,
      Les façades
Des chalets et des châteaux,
Des dômes orientaux.

En fer est le pont roulant
      D'où l'on plane,
      Où l'on flâne;
Et le fauteuil bas et lent
Du visiteur nonchalant.

En fer aussi l'ascenseur
Qu'une tige
Encor dirige,
Et qui n'est qu'un précurseur
Du ballon son successeur.

En fer toujours, le chemin
De l'habile
Decauville.
Sans rien remettre à demain,
Il vous met tout sous la main.

En fer sont la table ad hoc,
Et le siège
Qu'on assiège,
Où le Beaune et le Médoc
Ont, hélas! fait place au bock!

En fer est le Casino,
Un théâtre
Très folâtre,
Où des yeux de Bornéo
Excitent le Roméo.

Et pour ces minois charmants,
La science
Fit je pense
En fer le cœur des amants ;
Elles en sont les aimants.

En fer est le pavillon
Où seule
La plus bégueule,
Grande dame ou frétillon,
Retrousse son cotillon.

Fer enfin est l'aliment,
L'empirique
Spécifique,
Qui guérit facilement
D'un trop grand éreintement.

La paix est au Champ de Mars.
Jour prospère !
Si la guerre
Fait en fer ses gros pétards,
Vive le fer dans les arts !

Le dieu du fer c'est Eiffel ;
Ce génie
Le manie
Si bien, qu'il a, l'immortel,
Fait au fer toucher le ciel !

Notre drapeau sur l'appui,
Qui remue
Dans la nue,
A su grouper aujourd'hui
L'Univers autour de lui.

Pan ! pan ! je suis le fer;
Qu'on me fonde
Et que le monde
Pour moi de Lucifer
Allume les feux d'enfer !

A. DE FEUILLET,
Membre titulaire.

LE FIL

—

AIR : *Qu'il est flatteur d'épouser celle.*

Je suis dans une peine extrême :
De ma chanson le sort cruel
Veut que le mot *fil* soit le thème
Dans notre banquet annuel.
Je dois me soumettre à son ordre;
Mais je m'en vais, me semble-t-il,
Avoir bien du fil à retordre :
Il est tant de sortes de fil !

Les trois règnes de la nature
Nous offrent des fils si nombreux,
Qu'en une telle conjoncture,
Je dois opter pour l'un d'entre eux.
Mais, pour franchir ainsi l'impasse,
Il faut d'abord, me semble-t-il,
Qu'en revue un peu je les passe ;
Après je ferai choix d'un fil !

Avec une candeur antique,
Tous deux, l'indigène Mouton
Et le Mérinos exotique,
Nous donnent leur chaude toison;

Qui, sans dissemblance apparente,
N'en fournit pas moins, semble-t-il,
Des fils de valeur différente.
Comment choisir dans tant de fil?

Le ver à soie et la chenille
Ne font pas, quoique en vérité
Ils soient de la même famille,
Des fils de même qualité;
Et l'infatigable araignée,
Avec d'autres, me semble-t-il,
Tisse sa toile si soignée.
Comment choisir dans tant de fil?

De substances au fil utiles
Le monde végétal est plein;
J'y trouve les plantes textiles,
Telles que le chanvre, le lin
Et le cotonnier vraiment digne
D'être auprès d'eux, me semble-t-il,
Mis lui-même en première ligne.
Comment choisir dans tant de fil?

Puis, dans un autre ordre d'idées
Qu'il faut que j'effleure à présent,
De fibres entre elles soudées,
Les végétaux se composant

Tous, depuis le roseau flexible
Jusqu'au chêne, me semble-t-il,
Ont leur fil à l'œil nu visible.
Comment choisir dans tant de fil?

Grâce aux éléments que nous livre
Le riche règne minéral,
Nous faisons des fils d'or, de cuivre,
D'argent, de fer, d'acier, d'archal
Et beaucoup d'autres dont le nombre
Est bien trop grand, me semble-t-il,
Pour que ma chanson s'en encombre.
Comment choisir dans tant de fil?

Toute lame avec ou sans manche
Et, quel qu'en soit d'ailleurs le nom,
Tout instrument qui taille et tranche
Ont leur fil ou mauvais ou bon.
Jadis, par l'assiégeant happée,
Mainte garnison, semble-t-il,
Fut passée au fil de l'épée.
Comment choisir dans tant de fil?

Le mot *fil*, de mainte manière,
En outre au figuré se prend :
Suit-on le cours d'une rivière,
C'est le fil de l'eau qu'on descend;

Et, lorsqu'elle nous est ravie,
C'est que la Parque a, semble-t-il,
Coupé le fil de notre vie.
Comment choisir dans tant de fil?

Soit qu'on parle, soit qu'on écrive,
Il faut que toujours par l'esprit,
Sans en perdre le fil, on suive
Ce qu'on dit ou ce qu'on écrit;
Et, pour déjouer toute ligue,
Il faut avoir, me semble-t-il,
Découvert les fils de l'intrigue.
Comment choisir dans tant de fil?

Mais tandis qu'ainsi je babille,
Sans m'arrêter à nuls sujets,
Voilà que de fil en aiguille,
J'ai déjà fait onze couplets;
De sorte que, dans cette affaire,
La chose qui, me semble-t-il,
Est pour moi la meilleure à faire,
C'est de ne choisir aucun fil!

LÉOPOLD HERVIEUX,

Membre libre.

LA HOUILLE

—

Air : *Bouton de rose*

Avec la houille,
Le Monde sort de sa torpeur ;
Il jette l'antique dépouille,
Tout va marcher à la vapeur
Avec la houille.

Avec la houille,
Le minerai d'un feu d'enfer
Coule pur de ce qui le souille ;
Et l'homme va pétrir le fer
Avec la houille.

Avec la houille,
Qu'importe le ruisseau tari
Où l'aube du moulin se rouille !
On peut moudre le grain mûri
Avec la houille.

Avec la houille,
Au fuseau le lin s'est roulé.
— Grand'mère, pose ta quenouille,
Sans peine ton chanvre est filé
Avec la houille.

Avec la houille,
Le navire s'est élancé,
Il franchit l'Océan, il mouille,
Et le sauvage est policé
Avec la houille.

Avec la houille.
On fait le gaz de la cité;
Et si l'homme avec lui se brouille,
Il produit l'électricité
Avec la houille.

Avec la houille,
Paris fait des foyers ardents;
Le pauvre hère et le... bredouille,
L'hiver, ne claquent plus des dents
Avec la houille.

Avec la houille,
La France peut mettre en un jour
Cinq cent mille hommes en patrouille
Sur la grand'route de Strasbourg
Avec la houille.

Avec la houille,
Le Titan eût conquis le ciel...
Déjà Jupiter se verrouille...
On élève la Tour Eiffel
    Avec la houille.

Avec la houille,
Par la mort terrible ennobli,
Au fond de la mine qu'il fouille,
Le mineur est enseveli
    Avec la houille.

Avec la houille,
On fait le poêle et l'âtre pleins
Où la veuve qui s'agenouille
Fait le souper des orphelins
    Avec la houille.

Avec la houille,
Imprimant la prose, les vers,
La chansonnette qui gazouille,
On les fait lire à l'Univers
    Avec la houille!

EMILE BOURDELIN,
Membre titulaire, Président.

L'HUILE

—

AIR : *Le Chanvre* (DE DARCIER)

Des poètes que je révère
Ont chanté le vin et l'amour.
Il est d'autres choses sur terre
Qui seront de mode à leur tour.
Cherchant sous le chaume ou la tuile
Quelque sujet neuf et savant,
Ma foi! je n'ai trouvé que l'huile;
On ne la chante pas souvent.

Dans sa lampe ou dans la bouteille,
Providence de la maison,
C'est un rayon d'or qui sommeille
    En sa prison!

Devançant l'aube sa lumière
Guide, à l'autel silencieux,
L'élu qu'attire la prière
Au fond du cloître spacieux.

Pour le voyageur qui s'attarde,
Elle succède au jour qui fuit,
Par sa lueur douce et blafarde,
Perçant les ombres de la nuit.

Dans sa lampe, etc.

C'est un baume pour la souffrance
Et, nous prenant dès le berceau,
Elle nous suit depuis l'enfance
Jusques aux portes du tombeau.
En mer, elle apaise la houle ;
En la recueillant, autrefois,
Nos pères, dans la sainte ampoule,
L'employaient au sacre des rois.

Dans sa lampe, etc.

Ce volant, cette bielle immense,
Géants que la vapeur conduit,
Ne développent leur puissance
Que par l'huile qui les enduit.
Les enchaînant, elle raccorde
Les cylindres et les pignons ;
Comme aux ateliers, la concorde
Unit l'effort des compagnons.

Dans sa lampe, etc.

Secondant l'essor du génie,
Par toi. le peintre a pu fixer
Des ans l'épopée infinie,
Que rien ne saurait effacer
Et transmettre ainsi d'âge en âge,
Rappelant tout ce qui n'est plus,
Les chefs-d'œuvre qu'en héritage
Laissent les mondes disparus.

Dans sa lampe, etc.

L'accord au banquet politique
S'obtient par les vins généreux ;
C'est ce que font, en mécanique,
Les produits oléagineux.
Plus précieuse que l'or même,
Qui partout aiguise les torts,
L'huile, par sa douceur extrême,
Arrondit les angles des forts.

Dans sa lampe, etc.

Dans le cristal, comme un esclave,
Elle aide à garder, de la fleur,
Le parfum délicat, suave,
Grâce au talent du parfumeur.

Craignez l'emploi du cosmétique,
Fillettes aux cheveux rétifs;
Ce qu'il vous faut, c'est l'huile antique
Qui les dompte et les rend captifs.

Dans sa lampe, etc.

Celle qui tire sa naissance
De l'olivier aux rameaux verts,
Nourrit ce coin de notre France
Où l'on ignore les hivers.
Voilà comme elle se présente
Pour le bien de l'humanité :
C'est une manne bienfaisante.
C'est la lumière et la gaîté !

Dans sa lampe ou dans la bouteille,
Providence de la maison,
C'est un rayon d'or qui sommeille
          En sa prison !

L. GRÉDELUE,
Membre associé.

4

L'IVOIRE

—

Air nouveau

La nature a ses grandeurs.
　Elle offre dans sa gloire
Des trésors dont les splendeurs
　Enrichissent l'histoire.
Pour ma part, à ce banquet,
Je vais vous dire ce qu'est
　　　L'ivoire.

L'ivoire de l'éléphant,
　Précieux accessoire,
S'il fait aimer le géant
　Surtout pour sa mâchoire,
Combien plus on prisera
Des quenottes de Clara
　　　L'ivoire.

S'il est jaune quelquefois,
　Ce n'est que provisoire.
Il devient blanc et de choix ;
　Il acquiert, c'est notoire,
— Pour l'homme c'est agaçant —
Plus de prix en vieillissant,
　　　L'ivoire.

Sur l'ivoire on fait de l'art
  Et du plus méritoire;
Les artistes au billard
  En gardent la mémoire.
Moi, j'aime mieux les dessins
Que m'offrent deux jolis seins
      D'ivoire.

Quand l'ivoire abondera
  Sur notre territoire,
Quels chefs-d'œuvre l'on fera
  Dans l'ancien *champ de gloire* (1).
On verra peut-être un jour
Un Eiffel faire une tour
      D'ivoire !

Souvent un mot bon enfant
  Egaye un auditoire :
Le sort est pour l'éléphant
  Quelque peu vexatoire ;
Bien que *trompé* sans merci,
Dieu lui fit *défense* aussi
      D'ivoire !!!

JULES MICHAUT,
Membre associé.

(1) Le Champ de Mars.

LA LAINE

—

AIR: *Conseil à une Parisienne* (ALFRED DE MUSSET).

Agneau résigné que le mal accable,
    Du sort implacable
    Je subis les lois;
Railleur il me dit : De l'immense arène
    Chante-nous la laine,
    Pauvre Champenois !

Vraisemblablement cette tâche ardue,
    Hélas ! m'était due;
    J'ai pris mes pipeaux,
Courageusement j'ai brouté mon herbe
    Et voici la gerbe
    De mes écheveaux :

De mes chers moutons cette toison blanche
    Tombe en avalanche
    Sous les fins tondeurs;

Puis devient, ourdie au sein des fabriques,
Tissus magnifiques
Aux mille couleurs.

Sous le vaste hall aux voûtes de verre
Où toute la terre
A pris rendez-vous,
Non loin de sa sœur, l'orgueilleuse soie,
La laine déploie
Ses tons les plus doux.

Sous tous les aspects elle se nuance :
Étoffes de France,
Lamas du Pérou,
Vigogne, alpaga, ceinture écarlate,
Bonnet du Sarmate,
Pagne de l'Indou;

Mérinos, mohair, fine brocatelle,
Modeste flanelle,
Tapis d'Astrakan,
Kaftans du Thibet, ponges de la Chine,
Chaude pèlerine,
Nattes de Ceylan.

Ce sont là vos dons, ô mes douces bêtes,
Ce sont vos conquêtes,
Ce sont vos bienfaits;

4.

Dans ce grand tournoi que le soleil dore.
  Qui semble l'aurore
  D'un siècle de paix !...

Et, sous le velum, mille banderoles
  Balancent, les folles,
  Leurs joyeux festons...
Vous ne verrez pas cette féerie;
  Dans la bergerie
  Rentrez, mes moutons ..

Feu Adolphe CHAVANCE,

Membre correspondant.

LE LAIT

—

UNE CURE A L'EXPOSITION

—

AIR : *Un Homme pour faire un tableau*

—

Pour un estomac détraqué,
Me dit un médecin fort sage,
Le remède est tout indiqué :
De vos poisons cessez l'usage.
Adieu vermouth et perroquet !
Ne vous gonflez pas tant de bière !
Fuyez, fuyez le mastroquet ;
Courez plutôt chez la laitière !

L'ordonnance, mon cher docteur,
En théorie est fort logique ;
Boire du lait serait meilleur,
Mais difficile est la pratique.
Ne dit-on pas que s'il est pur
Pour la visite à la barrière,
Le lait tout blanc devient azur
A peine entré chez la laitière.

Mais il faudrait quitter Paris,
M'en aller vivre à la campagne
Pour boire chaud, sortant du pis,
Le lait normand ou de Bretagne.
Qu'est-il besoin d'agir ainsi,
Me reprend-il, la cure entière
Vous la ferez tout près d'ici,
Au quai d'Orsay, chez la laitière !

Demain, à l'Exposition
Allez à la septième classe ;
Du lait cherchez la section,
Daignez en goûter une tasse.
Pour quatre sous vous servira
Fille accorte, aux gentes manières,
Pour deux tasses vous sourira
La plus charmante des laitières !

Aussi bien qu'en pays normand,
Vous aurez du lait véritable,
Tout chaud, dans le bol écumant ;
Le comptoir est près de l'étable.
La bonne vache aux grands yeux doux,
On la peut voir sur sa litière ;
Si vous l'exigez, devant vous,
Pourra la traire la laitière !

Toujours parfait, de premier choix,
On peut comparer à son aise
Le lait français, anglais, suédois;
Et ne doutez pas qu'il vous plaise.
Buvez, buvez, ne craignez rien,
Pour arriver bonne première
Au grand concours se garde bien
De jamais frauder la laitière!

Ainsi j'ai fait et j'eus raison;
Au bout d'un mois de ce régime,
Je vois poindre la guérison,
Car dans mon être tout s'arrime;
Comme à vingt ans je me sens fort,
J'ai des effluves printanières;
De cet exemple, amis, ressort
Qu'il faut aller voir nos laitières!...

A DIXNEUF,
Membre correspondant

LE LIÈGE

—

Air *du Curé de Pomponne*

—

Rhéni, quel excellent garçon;
   Mais Dieu! quel secrétaire!
Il m'écrit : — « Fais une chanson
   » Qui ne soit pas vulgaire...
» Le mot que t'a donné le sort
   » N'est pas pour te déplaire?... »
     Ah! le butor!
     Il veut ma mort!
   Bref, je vais vous la braire!

Linné, ce vieil horticulteur,
   Nous prouve dans sa prose
Qu'il n'est qu'un simple radoteur,
   N'en sachant pas grand'chose!

D'avoir compulsé son bouquin,
Le cauchemar m'assiège !...
Je cherche en vain,
Très incertain,
Un avis sur le liège.

« Cherche, cherche, tu trouveras,
» Assure l'Évangile...
Et puisque je ne trouve pas,
Suis-je donc imbécile !
Vous qui voyez mon embarras,
Amis, que vous dirai-je ?
Je ne sais pas
Si le Texas
Produit ou non le liège !

A force de chercher, pourtant,
Dans l'encyclopédie,
J'ai découvert, fait important,
Que c'est en Arabie,
En Afrique et bien d'autres lieux
Que le soleil protège !...
Dès lors je peux
Combler vos vœux
Et vous chanter le liège.

L'arbre dont il est question,
    Quand il est dans sa force,
Est mis à contribution
    Pour son utile écorce...
De laquelle on fait des bouchons;
    Et du Nord à l'Ariège,
        Pots et cruchons
        A cornichons,
    Sont couronnés de liège.

On en charge les pistolets
    Lorsque deux journalistes,
Dans leurs aigres entrefilets,
    Se traitent de fumistes...
Les témoins, sages et prudents,
    Vieux amis de collège,
        Pour leurs clients
        Belligérants
    Ont des balles de liège.

Il est indispensable pour
    Le pêcheur à la ligne,
Qui, levé dès le point du jour,
    Va défier la guigne...

Car l'innocent petit poisson,
  Ne voyant pas le piège,
    En vrai glouton
    Mord l'hameçon
  Suspendu par le liège.

S'il fallait vous énumérer
  Ses qualités sans nombre,
Je le ferais sans murmurer,
  Mais déjà, le front sombre,
J'entends le supin du Caveau,
  Agité sur son siège,
    Dire à Nadaud :
    « Quel vieux nigaud,
  » Je trouve lourd son liège! »

J.-B. LACOMBE,

Membre associé.

L'OR

—

Air : *Ne raillez pas la Garde citoyenne*

Quand le chaos dans son cratère immense
A triple feu fondait les minéraux,
J'en sortis pur, brillant, d'un jaune intense,
Car j'étais l'or, l'Or, le roi des métaux !

Pendant longtemps le monde dans ses langes,
Brut et naïf, passe à côté de moi;
Plus tard enfin, quand viennent les échanges,
On peut me voir partout faire la loi.

C'est en Khrystos, Bractéate, Statère,
Darique, aux bords méditerrancéens
Que l'on me frappe, et du Grec à l'Ibère,
Je suis connu des vieux Européens.

Changeant de nom selon ma destinée,
Je suis Louis, Carlin, Napoléon,
Dollar, Florin, Écu, Piastre, Guinée,
Sequin, Ducat, et Quadruple et Doublon.

Du travailleur je suis la récompense ;
De l'indigent j'allège le malheur ;
Venant à bout de toute résistance,
Du vice alors je suis le pourvoyeur.

Improductif au coffre de l'avare,
S'il me voit plat, c'est pour mieux m'empiler ;
Pour le viveur allant sans dire gare,
Si je suis rond, c'est pour toujours rouler.

Bref, que l'on m'aime ou bien que l'on me fronde,
Pour moi qu'on ait estime ou bien dégoût,
Comme autrefois je suis maître du monde,
Car étant l'or, je suis tout, je peux tout !

Mais, quand Paris fête le Centenaire
Au Champ de Mars, je puis bien à mon tour,
De mes trésors vous dresser l'inventaire,
Et me montrer sous un tout autre jour.

Que l'on m'estampe ou me fonde et cisèle,
Que je sois mat ou que je sois bruni,
Quelle que soit ma forme et mon modèle,
Par moi l'orfèvre évoque Cellini.

Je suis l'autel, la tiare, le trône,
Le reliquaire orné de mille émaux ;
Je suis le sceptre et je suis la couronne ;
Je suis le coffre à serrer les joyaux.

Comme encrier et plume l'on m'emploie ;
Pour le poète étant la plume d'or,
Je suis souvent, hélas ! la plume d'oie
Aux mains du sot sans souffle et sans essor.

Le joaillier de moi fait des breloques,
Mille bijoux sertissant les rubis,
Les diamants ; de toutes les époques
Merveilles d'art pour les yeux éblouis.

Si Phidias m'alliant à l'ivoire,
Sculptait Minerve au fameux Parthénon,
Tout comme lui d'un chef-d'œuvre notoire,
Mercié toujours illustrera son nom !

Aux manuscrits je deviens arabesque,
Nimbe, auréole à la tête des saints ;
D'un papier peint, d'un tableau, d'une fresque
Je puis encor rehausser les dessins.

De fils tenus garnissant sa navette,
L'adroit canut qui la fera courir,
En toile d'or, dentelle, bandelette,
En me tissant m'aura fait resplendir.

De l'officier je deviens l'aiguillette,
Et du sergent le modeste galon,
Du général la pesante épaulette,
Distinction du suprême échelon.

Je couvre aussi de feuilles impalpables
Dômes, parois du palais enchanté,
Offrant partout les produits admirables
De l'industrie en son intensité.

Tel est enfin le concours que j'apporte
Dans le tournoi de l'Exposition
(Que des grincheux volontiers croyaient morte,
Quand ils en sont pour leur négation.

Partout la France humaine et travailleuse,
Et ne doutant jamais de l'avenir,
Va, le front haut, puissante et glorieuse,
Et de longtemps n'est pas près de mourir !

Louis PIESSE,

Membre titulaire.

LE PAIN

—

Air : *Restez, restez, troupe jolie*

Au milieu des rares merveilles
Que la grande Exposition,
Charmant nos yeux et nos oreilles,
Offre à notre admiration
Sans aucune discrétion,
Pour un rimeur, fût-il habile,
En quatrains brillants ou légers,
Chanter le pain n'est pas facile...
On n'y voit pas de boulangers.

Il est vrai que dans la boulange
Peu de gens osent se risquer,
Le pain, c'est très bon, on en mange,
Mais on ne veut pas s'embarquer
Dans la machine à fabriquer.

D'un pouvoir assez mal à l'aise
On redoute ennuis et dangers,
Et l'Exposition française
Ne verra pas de boulangers.

Un patron dont l'ardeur excelle
A recruter des adhérents,
Songeait à venir de Bruxelle
Pour s'installer aux premiers rangs
Des boulangers belligérants;
Mais ce rêve-là dans sa route
N'eût que des éclairs passagers;
Et l'Exposition sans doute
Ne verra pas de boulangers.

A défaut de boulangeries,
Nous auront là-bas sûrement
D'élégantes pâtisseries,
Un bar anglais, et l'agrément
D'un théâtre qu'on dit charmant;
Bref, une quantité très ronde
De trésors vrais ou mensongers,
Mais dans cet heureux coin du monde,
Nous n'aurons pas de boulangers.

ÉPILOGUE

L'auteur s'était laissé surprendre
Par un message frelaté,
Car à l'instant il vient d'apprendre
Qu'au Champ de Mars, en liberté,
Le pain sera représenté;
Et dans la gigantesque usine,
Les Français et les étrangers
Ne pourront pas crier famine,
Car on y voit des boulangers.

VICTOR LAGOGUÉE,

Membre honoraire.

LES PARFUMS

—

Air : *Qu'il est flatteur d'épouser celle...*

—

Je me promenais solitaire,
L'autre jour sur le boulevard,
Quand mon flair de célibataire
Saisit un parfum au hasard :
Passait une gente personne
Dont le charme me fascina;
Elle dégageait, la friponne,
L'exquise *odor di femina.*

Elle était vraiment très gentille...
Mesurant mes pas sur les siens,
Je suivis l'odorante fille
Très longtemps si je m'en souviens.
Moi qui demeure à La Chapelle,
— Jugez de ma position —
Quand je me vis avec la belle
Tout près de l'Exposition.

5.

Elle entra, moi j'entrai de même,
Alléché toujours par l'odeur;
J'espérais bien que mon système
Aurait raison de sa pudeur.
De galerie en galerie,
Je la poursuivais de mon mieux,
Quand dans une parfumerie,
Elle disparut à mes yeux.

Quoi! j'aurais eu tant de fatigue,
Sans en être récompensé!
La vitrine, comme une digue,
M'arrêterait? C'est insensé!
Je prends un parti, je pénètre
Dans la boutique sans façon,
Et bientôt je vois apparaître
La belle qui m'offre un flacon.

« Prenez, c'est l'odeur que je porte, »
Dit-elle d'un air enjoué,
Et me conduisant à la porte :
« C'est vingt francs... » Bon, j'étais joué.
Mais, dis-je, je veux autre chose...
Elle : « J'ai tout ce qu'on voudra :
« Foin, verveine, muguet où rose,
« Fleur d'oranger et cœtera. »

Pour conquérir la parfumeuse,
J'aurais acheté sa maison :
Mon emplète fut très coûteuse
Mais de la belle j'eus raison...
Voulez-vous l'histoire complète
Qui depuis me laisse songeur ?...
Elle habitait à la Villette
Et son père était vidangeur !...

Albert MICHAUT,

Membre libre.

LE PÉTROLE

—

AIR : *Jadis, les rois, race proscrite* (FILLE DE MADAME ANGOT)

Quoi ? vous me donnez la parole
Sur un sujet incandescent ;
Tant de fous ont fait du pétrole
Un abus assez indécent !
Oui, le pétrole est la formule
De politiciens sournois.
Le Droit, pour eux, est lettre nulle :
C'est en bidons que sont leurs lois.
Cesse de flamber, ô pétrole :
        Non, le pétrole,
Non, le pétrole, assurément,
Ce n'est pas un gouvernement.

Le pétrole pour incendie,
C'est un article d'outre-Rhin :
A Châteaudun, cité hardie,
Il coulait en laves sans frein.
La raison n'est feu ni liquide :
Plus le vainqueur est dans son tort,
Et plus la revanche rapide
Est inscrite au livre du sort,

Cesse de flamber, etc.

Chez nous, cet abus du pétrole
Vient de messieurs les communards.
Au fond, qui leur fournit l'obole ?
Ce sont quelquefois des cafards ;
Pour ces pêcheurs en eau saumâtre,
Le communard est l'hameçon
Accrochant — ô coup de théâtre —
Nos libertés comme un poisson.

Cesse de flamber, etc.

Car à notre époque hystérique,
De prétendus Conservateurs
Pétrolisent la République
Comme de simples malfaiteurs !

Leur conscience est si frivole,
Que, chez eux, il est bien porté
De s'arroger un monopole
Assez plaisant d'honnêteté.

Cesse de flamber, etc.

Allons, Français du Centenaire,
C'est du vin qu'il faut aux bidons,
Quand chez la France hospitalière,
Le monde entier verse ses dons,
Gai ! laissons la térébenthine,
La benzine Colas sa sœur,
Et le pétrole à la cuisine,
Où l'on est fait à leur odeur.

Là, seulement flambe pétrole !
        Car, le pétrole,
Car, le pétrole, assurément,
Ce n'est pas un gouvernement !

EMILE ASSE,

Membre associé

LA PIERRE

AIR DE : *Il est en pierre* (A. Doucé)

—

Si pour l'Exposition
J'ai, pauvre tailleur de pierre,
Abandonné ma carrière,
Est-ce par ambition?
Non, mais grande était l'envie
Qui me tourmentait, de voir,
Pour, une fois dans ma vie,
Etre fier d'un dur devoir,

Ce qu'on trouve en pierre, en pierre,
Dans le plus beau des bazars;
Ce qu'il montre, œuvre grossière,
Ou produit fini des arts,
  En pierre, en pierre, en pierre!

Je m'y rends un jour par eau,
Et les hasards de la route
M'amènent près d'une voûte,
En haut du Trocadéro.
Soudain tombe sur ma tête
Un débris de chapiteau,
Qui me prouve, sans enquête.
Que cet immense château

Fut construit en pierre, en pierre,
Et, puisqu'il n'est pas très vieux,
Qu'il n'est, d'aucune manière,
Ce qu'en France on fit de mieux
   En pierre, en pierre, en pierre !

Au milieu de vingt palais
Qui se succèdent, superbes
Dans leurs nids de fleurs et d'herbes,
Les yeux éblouis, j'allais,
Quand près de moi j'entends dire
Que, bâtis pour quelques mois,
Leurs murs, auxquels dut suffire
Un peu de chaux sur du bois,

Ne sont pas en pierre, en pierre,
Et que, du sol jusqu'au toit,
Faits de quelque autre matière,
C'est bien à tort qu'on les croit
   En pierre, en pierre, en pierre !

Mais voici la tour de fer
Et ses hautes galeries,
Merveilleuses broderies
Que l'homme apprit de l'enfer.
Sans regret je me décide
A crier : bravo, Vulcain!
Parce qu'à sa pyramide
Il fit un fond souterrain

Où tout est en pierre, en pierre!
Ce chef-d'œuvre du compas
Aurait-il sa mine altière,
Si sa base n'était pas
    En pierre, en pierre, en pierre?

En pierre je vois aussi
Des bustes d'hommes célèbres,
Et des monuments funèbres
Qui me donnent du souci.
Car je songe à la payse
Dont là-bas m'attend l'amour,
Et j'ai peur que ma Denise
Pour Jean-Pierre à son retour

N'ait un cœur en pierre, en pierre!
Si ce malheur m'accablait,
J'irais droit à la rivière
Avec un collier complet
    En pierre, en pierre, en pierre !

Mais c'est trop d'inaction
Pour la bourse de Jean-Pierre :
Il me faut pour ma carrière
Quitter l'Exposition.
Oui, ma promise est fidèle,
Et, pour la pierre, je vois
Qu'on ne peut se passer d'elle,
Qu'il faut au fer comme au bois

Des appuis en pierre, en pierre !
Rien n'est durable et parfait,
Tour, palais, temple ou chaumière,
Si le socle au moins n'est fait
   En pierre, en pierre, en pierre !

HENRI RHÉNI,

Membre titulaire.

LA PLUME

—

Air *de Julie.*

Bien qu'on soit neutre en politique,
On ne peut cesser, non jamais,
De bénir l'année héroïque
Si chère à tous les cœurs français!
Quatre-vingt-neuf en toi tout se résume,
La liberté prit naissance avec toi;
　　Patriote de bon aloi,
　　Je t'acclame en prenant la plume!

A l'abri de toute censure,
Puisque les mots en question
Sont Les Trésors de la Nature
A la grande Exposition,
Chacun de nous — du moins je le présume --
Vaille que vaille a fait une chanson;
　　A mon tour je vais sans façon
　　M'étendre un instant sur la plume!

La plume est une douce chose,
Excellente pour le sommeil ;
Lorsque sur elle on se repose,
On est plus dispos au réveil.
Mais dès qu'on sent les atteintes d'un rhume,
On se calfeutre, on fuit les vents coulis ;
Et l'on goûte un bonheur exquis
A dormir sur un lit de plume.

La plume étant douce et légère,
Certains dieux de l'antiquité
S'en servaient jadis, sur la terre,
Dans leurs jours de folle gaîté :
Lorsque Vulcain dormait sur son enclume,
Plus éveillé, Mars le dieu des guerriers,
A Vénus offrait ses lauriers
En la caressant sur la plume !...

D'où vient qu'en ville on trouve étrange
Qu'au village, les paysans
En boudoir transforment leur grange
Pour goûter le plaisir des sens ?...
De Cupidon quand le flambeau s'allume,
L'homme des champs peut bien être au besoin
Tout aussi gentil sur le foin
Qu'un citadin l'est sur la plume ?...

Dans l'été lorsque tout rayonne,
Quand les oiseaux quittent leurs nids,
Chaque forêt bientôt résonne
De leurs ravissants gazouillis!
Mais on les chasse à la saison des brumes,
De leur dépouille on fait un ornement
Pour coiffer le sexe charmant
De ces petits êtres à plumes!

Chez Palmyre, adroite modiste,
Jamais à l'exposition,
Aucune femme ne résiste
A sa vive admiration;
Mais aux maris, Palmyre a la coutume
Lorsqu'à bas prix ses chapeaux sont vendus
De réclamer quelque surplus,
Qu'elle rattrape sur la plume!

Lauriers dont l'art et l'industrie
Couronnent ceux dont les travaux
Font la gloire de ma patrie,
Je vous proclame les plus beaux!
Mais je verrai — soit dit sans amertume —
Les fabricants d'instruments meurtriers
A jamais privés de lauriers
Au profit des marchands de plume!

Enfin nous aurons cette année,
Grâce à cent éléments divers,
L'exposition chansonnée
Et tous ses trésors mis en vers,
Quand le Caveau produira son volume,
En le lisant chacun pourra juger
Que sur le mot le plus léger,
J'ai taché d'exercer ma plume!...

MOUTON-DUFRAISSE,

Membre titulaire.

LE POIL

AIR : *J'ai vu partout dans mes voyages.*

—

Comme trésor de la nature,
On me donne à mettre en chanson
Le poil, cette riche parure,
Dont ne se pare aucun poisson.
Ce filet qui naît sur chaque être,
Chaque être du règne animal,
Si vous voulez bien le permettre,
J'en parlerai tant bien que mal.

En vain dans mon dictionnaire,
Je cherche des rimes à poil,
Et déçu, je ne trouve guère
Que contre-poil et ratapoil !
Mon devoir quelque peu me rase,
Traiter des poils droits ou frisés,
N'importe ! j'enfourche Pégase
Et vous serez par moi rasés !

La majestueuse crinière,
Ce diadème du lion,
Naît sur lui sans plus de mystère
Qu'un poil sur un jeune menton.
Ainsi le veut dame nature,
Chaque être, à son moment donné,
Ailleurs comme sur sa figure,
Porte le poil prédestiné.

Le fauve, l'ours, la zibeline,
La blanche chèvre du Thibet,
La martre, le renard, l'hermine,
Loutre, castor, lapin, furet
Payent à l'homme comme hommage
A sa supériorité,
Ce grand trésor de leur pelage,
Si riche en sa variété !

De tous ces poils, peu me soucie ;
J'en reviens au filet humain :
Dans le parcours de notre vie
Nous en laissons tous en chemin ;
Poil blond, c'est le printemps, jeunesse ;
Poil noir, c'est l'ardeur de l'été ;
Poil gris, salut à la vieillesse ;
Chenu, c'est fini, vétusté.

Quand sur ta tête, ô jeune fille!
Ondulent tes cheveux soyeux,
Pour nom de ce bandeau qui brille,
Celui de poil n'est pas heureux;
Poil ne va pas à ton doux être,
Le poil n'est qu'un grossier filet,
A l'air caché, ce qui doit naître
Sur toi n'est qu'un charmant duvet!

Poil est signe de force, en somme;
Et poil veut dire valeureux.
Tout gaillard certes est un homme
Qui doit avoir du poil aux yeux!
Je vous dirais bien autre chose...
Mais, je le remets à demain.
Voulez-vous en savoir la cause?
Il me pousse un poil dans la main!...

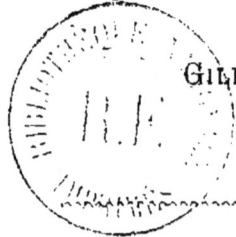

GILBERT DUPREZ,
Membre honoraire.

LA PORCELAINE

Air *des Fraises.*

—

Kaolin
Dont un malin
Fait vase, assiette ou tasse,
En Europe, en Orient,
J'ai cet inconvénient :
Je casse !

EMILE BOURDELIN,
Membre titulaire, Président.

LE SEL

—

AIR *du Saltarello.*

Le sort qui, quelquefois se moque
De votre Vice-Président,
En ce jour fatal me colloque
Le sel, sujet peu transcendant :
Certes si ma part est minime
Parmi vos couplets laudatifs,
Mon excuse est bien légitime
Car mon mot est des plus rétifs !
Que voudriez-vous que je dise
Du Sel, à l'Exposition ?
Puis-je faire qu'on m'applaudisse
Malgré ma bonne intention ?
C'est un terrain des moins solides
Pour y construire une Chanson,
Du Champ de Mars aux Invalides,
Rien n'en peut donner un soupçon.
Le Sel sert à l'agriculture,
C'est un engrais, je le sais bien,
Dont fait usage la nature
De Calais à Saint-Sébastien :
Là sont ces prés d'herbe saline

Donnant de succulents gigots,
Mais je ne sais où, j'imagine,
Se tient la section des rôts.
Le Sel s'emploie en médecine,
Au traitement des animaux,
Mais je n'ai pas vu l'officine
Où l'on s'occupe des chevaux;
Enfin, que le diable m'emporte
Si j'ai vu luire un grain de sel
En entrebâillant chaque porte
De ce bazar universel!
A moins que me trompant peut-être,
Ce soit lui contester son rang
Que de ne pas le reconnaître
A table, dans tout restaurant.
Ma Muse, simple et familière,
Pourrait le chanter au total
Dès son entrée en la salière
De bois, d'argent ou de cristal.
Car notre Exposition compte
Au moins trente restaurateurs
Vendant cher à ce qu'on raconte
Dîners bourgeois ou d'amateurs.
Le sel est de chaque cuisine,
On l'apprécie un peu partout :
En Laponie, en Grèce, en Chine,
Il a sa place en tout ragoût.

Il rend le courage aux esclaves,
Rougit le sang ; et Toussenel
Dit que les peuples les plus braves
Etaient ceux qui mangeaient du sel.
Dans la section des conserves,
Il est présent plus qu'en tout lieu.
Chercheur, et sans que tu l'observes,
Il en est l'invisible dieu !

—

AIR : *Maman les p'tits bateaux*

Mais c'est moralement
Qu'il a la plus grande importance
Et c'est lui qu'on dépense
Le plus dans ce cercle charmant.

Le bon sens et l'esprit
Et la verve caustique
Sont bien le sel attique
Que Molière a décrit.
Et l'on ne peut nier

Qu'on use, chez vous, mes confrères,
Du Sel de deux manières
Comme gourmand et chansonnier !

SAINT-GERMAIN,
Membre titulaire.

6.

LA SOIE

—

AIR *de la Valse du Havre*

Flottez,
Par la brise agités !
Sur les dômes plantés,
Flottez, drapeaux de soie !
Qu'aux yeux
Des jeunes et des vieux,
Couleurs de nos aïeux,
Par vous brille la joie!

Pour toi,
Qui ne sais pas pourquoi
L'on t'a pour ce tournoi
Transporté loin du Rhône,
O petit ver, sois fier,
Si tu les vois dans l'air,
D'avoir pendant l'hiver
Filé ton cocon jaune!

Papillon,
Sors de ta coquille,
Et viens dans ce grand pavillon
Du travail que tu fais, chenille,
Admirer quelque échantillon!
Pour la voie
Où ta soie
Se déploie,
Moi, j'ai fui,
Trop frivole,
L'agricole
Métropole
De l'ennui;

Suis-moi
Pour voir le bel emploi
Que fait l'homme, ton roi,
De tes dons, bestiole;

Alors,
Auteur de ces trésors,
Tu pourras sans remords
Voler au Capitole!

Vois-tu,
Près d'un temple pointu,
Un grotesque vêtu
De soie orange ou bleue?
Ami, c'est un Chinois
Qui regarde parfois
Avec un air narquois
L'Européen sans queue!

Ce lettré
Des Français se moque
Et rit, dans son fourreau moiré,
Du drap noir que pour leur défroque
A la soie ils ont préféré;
Il oublie
La jolie
Panoplie
Où reluit
L'écarlate
Col-cravate
Du pirate
De la nuit!

Pour nous,
Dont les modestes goûts
Redoutent pour nos cous
Ce qui fait disparate,
C'est un
Satin gris, noir ou brun,
Qu'y trouve le tribun
Comme l'aristocrate !

Mais quel
Ravissant arc-en-ciel
A, féerique et réel,
Quitté pour nous la nue?
O femmes, accourez !
Les tissus désirés,
Ceux dont vous vous parez,
S'étalent bien en vue !

Taffetas,
Brocart, velours, faille,
Œuvre faite en un galetas,
Pour celle qui point ne travaille,
Ici font cent merveilleux tas :
Rose ou verte,
Robe ouverte
Pour la perte
Des Joseph !

Robe honnête,
Toute prête
Pour la quête
Dans la nef!

Rubans
Pour chapeaux et turbans;
Flots soyeux, noirs ou blancs,
Pour le deuil ou la fête!
Bas fin
Et soulier superfin,
La soie offerte enfin
Aux pieds comme à la tête!

Allons,
Des damas aux plis longs
Qu'attendent les salons
De la patricienne,
A ces larges et lourds
Meubles que pour les cours
Habillent si bien Tours,
Lyon et Saint-Étienne,

Et courons,
Car le temps nous presse!
En courant nous regarderons
Ce qui pare un prêtre à la messe,
Et, plus loin, le monstre aux flancs ronds,

L'émissaire
De la terre
Qu'en son aire
Craint l'aiglon,
Quand il broie
De sa proie
Cœur et foie,
Le ballon !

Couleurs,
Dont rêve Metz en pleurs,
Aux ballons éclaireurs
Flottez, pour qu'on vous voie !
Flottez,
Par la brise agités
Aux nacelles plantés,
Flottez, drapeaux de soie !

HENRI RHÉNI,
Membre titulaire.

LE TABAC

—

AIR *des Cancans.*

—

Le vin a son agrément;
Mais je donnerais gaîment
Une pip' de Malaga
Pour une pip' de tabac.

Le tabac
Voilà le nec plus ultra !

Dès le second rouge-bord.
Le vin m'énerve et m'endort.
Au lieu de me terrasser,
Le tabac vient me bercer.

Le tabac, etc.

Vous voyez ces cercles bleus,
Ces voltigeurs nébuleux;

Quand ils montent vers les cieux,
Moi, je voyage avec eux.

Le tabac, etc.

Si je rumine un roman,
Crac! j'en vois le dénouement;
Je trouv' des rimes en tas. .
Même aux mots qui n'en ont pas.

Le tabac, etc.

Enfin, tout devient azur,
Et, dans un ciel doux et pur,
Les houris de Mahomet
Allument... mon calumet.

Le tabac, etc.

En août qu'il vienne à gréler,
Et le raisin va couler.
L' tabac n'en est pas gêné...
Il a l'air d'êtr' vacciné!

Le tabac, etc.

La vigne a son choléra :
Le nommé Phylloxéra;
Eh bien! le Phylloxéra
On l' tue avec le tabac!

Le tabac, etc.

A tous les concours nos vins
Seront proclamés divins ;
Tandis que notre tabac
Est battu par le Cuba.

Le tabac, etc.

Mais je divague, je crois,
Quand j' m'éreinte à faire un choix ;
On peut « priser » le Cuba,
En flûtant le Marsala !

Le chass'la'
Le tabac
Voilà l' vrai nec plus ultra !

ANDRIEN DECOURCELLE,

Membre honoraire.

LE VER, LE VERT & LE VERRE

(à M. Léonce Parmentier)

—

Air de : *T'en souviens-tu ?*

—

LE VER

—

Parmi vous tous, trésors de la nature,
Il en est un qui brille chaque soir
Au Champ de Mars, lorsque sa fermeture
Rend le jardin paisible et presque noir.
Ce personnage illumine la scène
Quand du gazon part sa projection ;
Il est enfin, sur les bords de la Seine,
Le ver luisant de l'Exposition.

Des restaurants où l'on fait bonne chère,
Sur la tour même ou dans ses alentours,
L'addition, erronée ou très chère,
Sert à jouer aux clients de bons tours.
Mais si le brie ou tout autre fromage
Est d'un haut prix, sans diminution
Payez, payez, car il vous fait hommage
D'un ver nourri pour l'Exposition.

Mais gare à vous si vous prenez à l'heure
Une voiture allant tant bien que mal
Vers l'Esplanade où l'on voit la demeure
De chaque peuple en son état normal.
Un jour se passe à visiter des choses
Sollicitant votre admiration,
Puis vous rentrez, soldant, les yeux moroses,
Le *ver rongeur* de l'Exposition.

—

LE VERT

La couleur verte à l'homme est agréable,
Ses yeux jamais n'en sont rassasiés,
Et, de tout temps, sous un chêne, un érable
Les amoureux se sont extasiés.
Désire-t-on savourer la verdure,
Au Parc d'Alphand, sans hésitation,
On peut, mangeant, buvant sous la ramure,
Se mettre au vert à l'Exposition.

Si des tableaux et de genre et d'histoire
Sont admirés au Palais des Beaux-Arts,
Le paysage est sûr de la victoire
Car il fascine et charme les regards.
Encore ici reconnaissons en somme
Que, par l'effet de leur attraction,
Les prés, les bois ayant gagné la pomme,
Le vert triomphe à l'Exposition.

Nous le savions, il est des demoiselles
Dont les désirs n'étaient pas accomplis,
Lorsque Paris ne possédait pour elles
Que des amants tièdes ou ramollis.
Quel changement! L'univers leur envoie
De forts gaillards, bâtis pour l'action;
Des cœurs brûlants ils sont bientôt la proie,
Ces verts-galants de l'Exposition.

—

LE VERRE

Après le ver, le vert, voyons le verre
Qui fut choisi pour couvrir nos palais,
Et faire obstacle à la chaleur solaire,
Mais, par malheur, ne l'arrête jamais.
Pénètre-t-on sous ces claires toitures,
Malgré l'attrait de l'habitation,
Subissant là d'infernales tortures,
On grille, on bout à l'Exposition.

Le Parc lui même a des zônes torrides
Dont nos gosiers supportent mal les feux;
Or, on n'y peut cueillir, des Hespérides,
Les beaux fruits d'or, si frais, si savoureux.
Que faire alors? Il faut boire, encor boire,
Boire toujours sans interruption ;
Bref, sitôt plein, chacun y met sa gloire,
Tout verre est vide à l'Exposition.

Ailleurs le verre a des succès énormes,
Lorsqu'il produit, par un art merveilleux,
Au sein de l'eau, des couleurs et des formes
Qui, dès le soir, éblouissent les yeux.
Un peu plus loin, trempé, durci, le verre
Issu du sable, a de l'ambition :
Il sera bronze et fer s'il persévère
Dans ses efforts pour l'Exposition.

—

Donc j'ai décrit le ver, le vert, le verre,
Et, qui plus est, je les ai mis en vers,
En regrettant de n'être pas trouvère
Pour célébrer des sujets si divers.
Pourtant les jours qu'ils ont pris dans ma vie
Furent des jours de fière émotion :
Je coudoyais une foule ravie
Par les splendeurs de l'Exposition !

JULES MONTARIOL,
Membre honoraire.

LE VIN

—

Air *du Vin de Brie* (Adolphe Paban et Gustave Roger).

Laissez-moi vous parler ici
De Noé, le grand patriarche ;
C'est lui qui brava l'eau dans l'arche
Comme un vieux pilote endurci.
Plus tard, il eut même la gloire —
Le premier — de goûter au vin ;
Or, vous savez ce qu'il advint
Quand il fit son somme après boire.

Sans Noé, François Rabelais
Qui chantait et riait sans cesse,
Aurait-il pu dire sa messe,
Lui qui l'arrosait de vin frais ?
Au lieu d'endormir l'auditoire
En lui marmottant du latin,
Il disait à son sacristain :
— Allons, verse-moi vite à boire !

Sans Noé, buveurs, iriez-vous
Vider vos verres sous les treilles ?
Qui rend vos faces si vermeilles ?
Voyons, n'est-ce pas le vin doux ?...

Emules du docteur Grégoire,
Croyez-moi, c'est bien à dessein
Que cet habile médecin
Recommande parfois d'en boire.

Sans Noé, combien d'amoureux
Verraient dépérir leurs maitresses !
Mais grâce au bon vin, les traitresses
De tous côtés font des heureux ;
Car le vin chasse l'humeur noire,
Surtout l'aimable Chambertin ;
Quant au Champagne, il est certain
Qu'on a ses raisons pour en boire.

Sans Noé, qui donc connaitrait
Les crus fameux de la Bourgogne ?
Aurions-nous des vins en Gascogne,
Ces vins qui donnent du jarret ?
Et là-bas, aux bords de la Loire,
Le Tourangeau, vrai boute-en-train,
Chanterait-il son gai refrain
S'il n'avait que de l'eau pour boire ?

Sans Noé, Probus, autrefois,
Guidant ses légions romaines,
Aurait-il en quelques semaines
Rendu. . la vigne au sol gaulois ?

Du passé gardons la mémoire,
Et saluons les vins du Rhin
Qu'un jour le peuple souverain
Ira vendanger pour le boire !

Cette année, au banquet d'été,
Pendant que le Caveau chansonne,
La France, au Champ de Mars, moissonne
Sous les yeux de l'humanité.
Soyons fiers de cette victoire !
Voyez : quatre-vingt-neuf a lui !...
Trinquons donc ensemble aujourd'hui,
Et fraternisons pour mieux boire !

FRANÇOIS BADRAN,
Membre associé.

TABLE DES MATIÈRES

TABLE DES SÉRIES

DE

MOTS DONNÉS

Chantées aux Banquets d'été du Caveau depuis 1842

Pour se procurer ces volumes, s'adresser à **M. Mouton-Dufraisse,**
archiviste du Caveau, 11, Avenue de Clichy, à Paris.